Los primeros viajes escolares

El acuario

por Cari Meister

Bullfrog Books

Ideas para padres y maestros

Bullfrog Books permite a los niños practicar la lectura de texto informacional desde el nivel principiante. Repeticiones, palabras conocidas y descripciones en las imágenes ayudan a los lectores principiantes.

Antes de leer

- Hablen acerca de las fotografías. ¿Qué representan para ellos?
- Consulten juntos el glosario de fotografías. Lean las palabras y hablen de ellas.

Lean en libro

- "Caminen" a través del libro y observen las fotografías. Deje que el niño haga preguntas. Señale las descripciones en las imágenes.
- Lea el libro al niño, o deje que él o ella lo lea independientemente.

Después de leer

- Inspire a que el niño piense más. Pregunte: ¿Alguna vez has ido a un acuario? ¿Cual fue tu animal favorito?

Bullfrog Books are published by Jump!
5357 Penn Avenue South
Minneapolis, MN 55419
www.jumplibrary.com

Library of Congress Cataloging-in-Publication Data

Names: Meister, Cari, author.
Title: El acuario / por Cari Meister.
Other titles: Aquarium. Spanish
Description: Minneapolis, MN: Jump!, Inc. [2016]
Series: Los primeros viajes escolares | Audience: Ages 5–8. | Audience: K to grade 3. | Includes index.
Identifiers: LCCN 2015045033
ISBN 9781620313268 (hardcover: alk. paper)
ISBN 9781620316184 (paperback)
ISBN 9781624963865 (ebook)
Subjects: LCSH: Public aquariums—Juvenile literature. | Aquarium animals—Juvenile literature. School field trips—Juvenile literature.
Classification: LCC QL78.M3718 2016
DDC 597.073—dc23
LC record available at http://lccn.loc.gov/2015045033

Editor: Jenny Fretland VanVoorst
Series Designer: Ellen Huber
Book Designer: Lindaanne Donohoe
Photo Researcher: Lindaanne Donohoe
Translator: RAM Translations

Photo Credits: All photos by Shutterstock except: Alamy, 16–17; Corbis, 10; f11photo/Shutterstock, 5, 8–9; iStock, 11, 14, 15, 20–21.

Printed in the United States of America at Corporate Graphics in North Mankato, Minnesota.

Tabla de contenido

¡Hora de los peces!

¿A dónde se dirige la clase?

¡Van al acuario!

¡Wow!

El tanque de agua de mar es grande.

Ahí viven animales del océano.

Ema encuentra un tiburón ballena.

Es el tiburón más grande.

Come cosas pequeñas.

Come huevos de pescado.

Aquí hay una tortuga marina.

Mide un metro y medio de largo.

Tiene aletas.

Le ayudan a nadar.

Este animal también tiene aletas.

¡Es un buzo!

El limpia el tanque.

Alimenta a los animales.

En la naturaleza, los animales cazan.

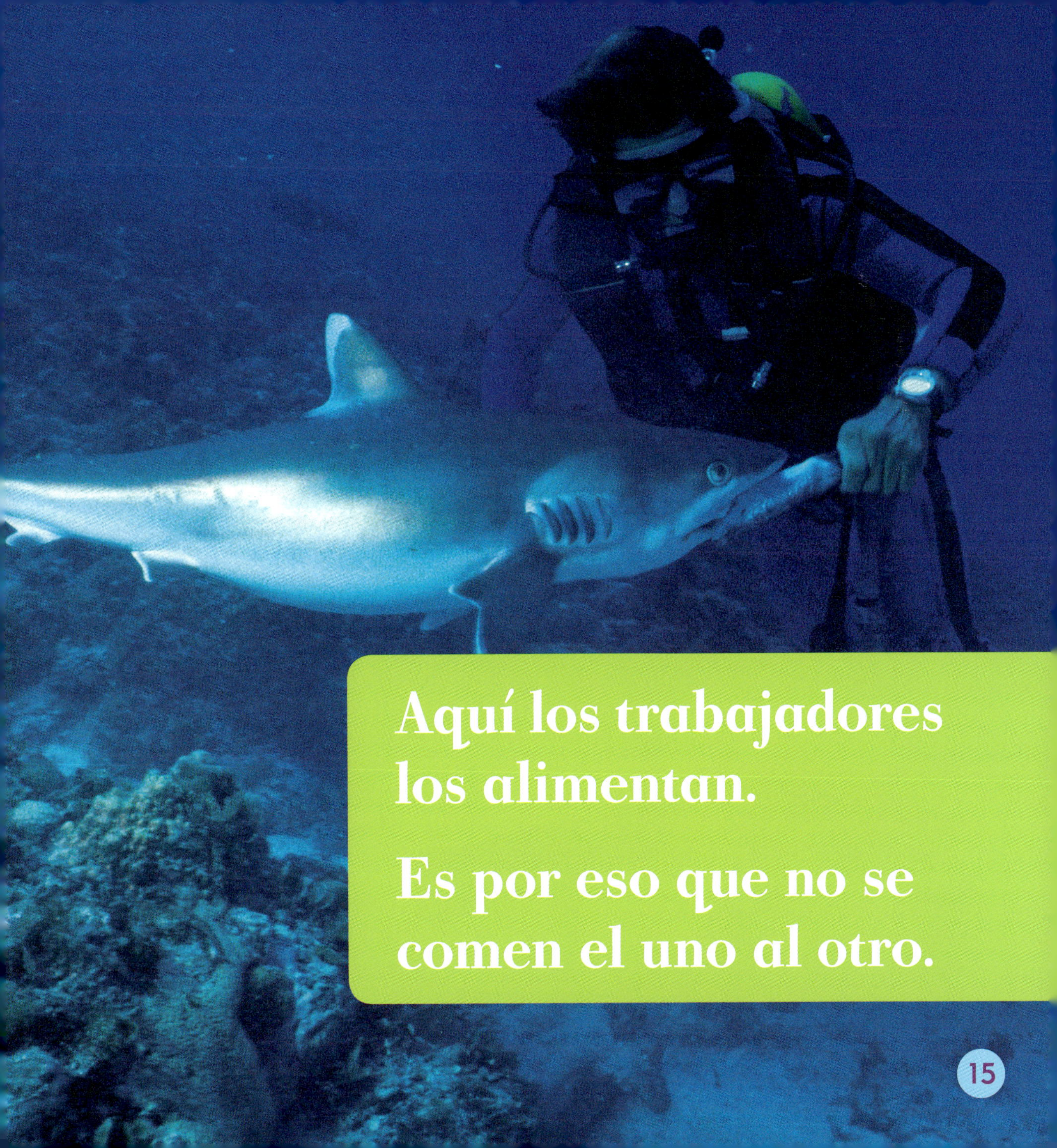

Aquí los trabajadores los alimentan.

Es por eso que no se comen el uno al otro.

DJ encuentra un tanque de agua dulce.

Ahí viven peces de lago.

Ty acaricia a una mantarraya.

Lo hace delicadamente.

Usa la palma de su mano.

¡Qué día más divertido!

Animales en el acuario

Glosario con fotografías

agua dulce
Agua que no es salada, como en los lagos.

aletas
Extremidad o calzado con forma ancha utilizada para nadar.

agua marina
Agua salada, como en el océano.

buzo
Persona quien nada debajo del agua utilizando equipo especial para respirar.

Índice

Para aprender más

Aprender más es tan fácil como 1, 2, 3.

1) Visite www.factsurfer.com

2) Escriba "elacuario" en la caja de búsqueda.

3) Haga clic en el botón "Surf" para obtener una lista de sitios web.

Con factsurfer.com, más información está a solo un clic de distancia.